Oraciones Poderosas de Sanación por la Familia

Editadas por: **José Juan Valdez, MA.**

Índice

Introducción

Esperamos que este librito-recopilación de varias oraciones poderosas de bendición, protección sanación y liberación sea el compañero de batalla espiritual de muchas familias que se ven asediadas por el enemigo que quiere destruirlas. Hace ya algunos ayeres, participe en uno de los Predi-Conciertos del cantante católico, Martín Valverde y le escuche una frase que me pareció muy sabia, a saber: **La oración no es para la batalla, la oración es la batalla.**

Desde hace ya varios años, mi esposa Alba Iris y su servidor, hemos estado trabajando con matrimonios y familias, gracias al llamado que Dios nos hizo y ha sido ÉL mismo quién nos ha ido mostrando el camino y los medios. Recientemente, por casi dos años nos hemos estado reuniendo con otros matrimonios (Ministerio Nazareth) para trabajar juntos por nuestras familias y por las demás. Este librito es uno de los primeros frutos y pretendemos que nos ayude en los retiros, talleres, seminarios, conferencias de evangelización, formación, sanación, liberación y fortalecimiento matrimonial que estamos ofreciendo.

Las oraciones que encontrará aquí las hemos tomado y editado de algunos libros y sitios de Internet que promueven este tipo de oraciones y que nos han ayudado mucho en nuestro propio proceso y sabemos que serán de gran bendición para quienes las oren una y otra y otra vez... hasta ir obteniendo victoria y bendición tanto para usted, como para su familia.

El padre Patrick Peyton, C.S.C., conocido como el Sacerdote del Rosario y ahora en proceso de beatificación es a quien le debemos la famosa frase: **La familia que ora unida**

permanece unida y está llena de verdad, cada vez hay más estudios de diferente índole que confirman los evidentes beneficios de la oración en los individuos y las familias que se abren a ella.

El P. Yosefu Ssemakula afirma que un problema que encontramos en nuestros días es, que oramos poco y lo poco que oramos, no lo hacemos eficazmente, en otras palabras no atinamos. Por lo que es importante entender y descubrir las raíces de los problemas familiares que a veces parecen inquebrantables. Estas oraciones que hemos recopilado quieren hacer justamente eso por usted y su familia, ser eficaces, atinar; para que con profunda devoción y piedad pidamos para que pueda desatar un proceso de sanación gradual y progresivo en nuestras familias.

Ahora, **las oraciones son siempre poderosas** como lo afirma el título del libro, **pero no son mágicas,** es necesaria siempre una profunda conversión hacia Dios y luego un entendimiento claro de lo que necesitamos y de lo que vamos a orar. De ahí la importancia de los seminarios, la evangelización y la formación, pues, **a mayor explicación/formación, mayor entendimiento/claridad; y a mayor claridad/mayor efectividad en nuestras oraciones y por lo tanto más frutos de sanación, liberación y vida de Dios.**

Quiero agradecer todo el trabajo y el gran legado que hemos recibido por el trabajo y dedicación del Padre Robert DeGrandis (QEPD), El Padre Yosefu - Ssemakula, Padre Darío Betancourt, el Dr. Francis MacNutt (QEPD), el Padre John H. Hampsch, CMF. El P. Carl Schmidt y muchos más que han abierto vereda en este trabajo tan necesario en el ámbito de la sanación familiar.

Todos los textos bíblicos están tomados de la Biblia Católica de la Familia de la editorial Verbo Divino que recomendamos mucho para las familias en nuestro ministerio.

Finalmente, dedico este esfuerzo a todos los miembros del MINISTERIO NAZARETH, con quienes Dios me ha llamado para servir a las familias, esperando que sea de gran apoyo a este proceso de evangelización, formación, sanación y liberación; y pido que absolutamente todo lo que hagamos sea como dice mi hermano Fernando Rosales: **por amor a las familias y para Gloria de Dios.**

Versión Breve de la Oración de Sanación por las Familias

Oración de Protección al Principio.

Antes de comenzar cualquier actividad, retiro, conferencia, sesión de oración, etc. Recomendamos hacer la siguiente oración para protegernos.

En el nombre de Jesucristo, yo tomo la autoridad y ato a todos los poderes malignos y las fuerzas en el aire, en la tierra, en el agua, debajo de la tierra, en el infierno, en la naturaleza y en el fuego. Dios, tu eres el Señor de todo el universo y te doy toda la gloria y la alabanza por tu creación. En tu nombre, Jesucristo, yo ato a todas las fuerzas demoníacas que han estado en contra de nosotros y en nuestras familias y sello a todos con la protección de tu Preciosísima Sangre que fue derramada por nosotros en la cruz. María, madre nuestra, buscamos tu protección y tu intercesión por el Sagrado Corazón de Jesús para todos y cada uno de los que estamos aquí y para nuestras familias donde quiera que se encuentren. Cúbrenos con tu manto de amor para desanimar el enemigo. San Miguel Arcángel y nuestros Ángeles guardianes vengan a defendernos y a nuestras familias en la batalla contra todos los malvados que vagan por la tierra. En el nombre de Jesucristo y por medio de Su Preciosa Sangre, yo ato y ordeno a todos los poderes y las fuerzas del mal a salir ahora mismo de nosotros, nuestras casas y nuestras tierras. Te damos gracias, Señor Jesús, porque tú eres un Dios fiel y compasivo.

En el nombre de Jesucristo, y por el poder de su cruz y de su sangre, atamos el poder de los malos espíritus y les ordenamos a no bloquear nuestras oraciones. Rompemos todas las maldiciones, hechicerías o conjuros, enviados contra nosotros, y los declaramos nulos e inválidos. Rompemos las asignaciones de cualquier espíritu enviado contra nosotros y los enviamos a Jesús para que disponga de ellos como Él quiera. Señor, te pedimos que bendigas a nuestros enemigos enviándoles tu Espíritu Santo para guiarlos al arrepentimiento y a la conversión. Aún más, atamos toda interacción y comunicación con los espíritus del mundo infernal según nos afecta a nosotros y a nuestra oración. Te pedimos por la protección de la Sangre derramada por Jesucristo sobre nosotros y nuestras familias. Gracias, Señor, por tu protección y envía a Tus ángeles, especialmente a San Miguel Arcángel, para que nos ayuden en la batalla. Te pedimos que nos guíes en nuestras oraciones y compartas con nosotros el poder y la compasión de tu Espíritu. Amén.

Padre Nuestro...

Dios te Salve María...

Gloria al Padre...

La oración como tal se compone de tres pasos que haremos respecto al pecado, pero sobre todo a las consecuencias del mismo en nosotros y en nuestras familias, podemos resumirlos con **tres verbos: ARREPENTIRSE, CANCELAR Y LLENAR;** como preparación debemos asegurarnos de que no tenemos faltas de perdón hacia nadie en nuestros corazones, ya que el perdón, es la condición esencial para poder recibir bendiciones y la respuesta de Dios.

1. **Identificación de la atadura y de las personas envueltas para con profundo arrepentimiento pedirle perdón a Dios.** Aquí reconocemos y confesamos NUESTRO(s) pecado(s) o falta(s) y los de aquellos con los que nos hemos asociado de alguna manera y que descubrimos que han creado una atadura por la que deseamos orar. Nos ponemos delante de Dios y le pedimos perdón por TODOS, como el profeta Daniel en especial por los que han afectado o afectan nuestro sistema familiar y creemos que han generado vínculos o ataduras. Puede usar esta u otra oración parecida.

En el nombre de Jesucristo reconozco que nosotros hemos pecado en _____ (mencione el pecado(s), problema(s) la situación(s) que sucedió y creó un vínculo y/o atadura) **y hoy, por los méritos de la pasión y muerte de Jesús en la cruz, yo corto y libero mi corazón y mi espíritu de cualquier asociación que haya tenido con**_____ (ahora dice el/los nombre(s) de las personas con los que haya creado un vínculo enfermizo o malsano, **y con un profundo y sincero arrepentimiento, pido perdón; pongo la cruz de Jesucristo en él/ella/ellos y mi persona, para bloquear cualquier influencia negativa que pudiese estar llegando a mí a través de este vínculo, y de rescatar solo lo bueno que existe entre nosotros. Y decido en el nombre de Jesús no dejar que esta asociación negativa y dañina continúe más. Amén.**

2. **Cancelación de acuerdos con satanás para echarlo fuera.** Ahora tomamos autoridad y dirigiéndonos al maligno-satanás reconocemos que NOSOTROS... hemos cometido pecados y se irán agregando las maneras de cómo lo invitamos, asumimos de alguna manera los pecados y las penas o consecuencias y nos disponemos a pagar el precio como el profeta, que aunque él había sido fiel, los acepta, los hace suyos.

Para después yo que soy parte de este sistema (mi familia) **CANCELAR esta(s) invitación(es)** o todos los acuerdos realizados ya sea tu mismo o tus ascendientes con satanás, y por los méritos de nuestro bautismo **lo echamos fuera en el Nombre de Jesús** con esta o con una oración similar:

En el Nombre de Jesucristo, Dios, Señor y Salvador nuestro, yo, en nombre de toda mi familia, renuncio a ti satanás y cancelo todos los acuerdos que yo o cualquier miembro de mi familia haya hecho contigo, te ordeno en el nombre de Jesús que en este mismo momento desates todas las ataduras que has tenido sobre mí y mi familia, (agregas las maneras en cómo lo invitamos… cuando hicimos tal cual, cuando caímos en…)_____ **y te ordeno que te vayas a los pies de nuestra Santísima Madre, María, la Siempre Virgen y a los pies de la Cruz de nuestro Señor Jesucristo, para que disponga de ti como Él quiera.**

3. **Invocar al Espíritu Santo, el dador de vida de Dios;** la expulsión, por así decirlo, deja lugares vacíos en ti y en tu sistema familiar, por eso el tercer paso es pedir Espíritu Santo para que llene ese espacio desocupado por el maligno-satanás, de manera que no pueda regresar. Es así cómo se desencadena la liberación-sanación en mi persona y en los míos. Una vez más, la oración puede ser con tus propias palabras, algún canto de invocación al Espíritu Santo o alguna oración como la siguiente:

Ven, Espíritu Santo, Llena los corazones de tus fieles y enciende en ellos el fuego de tu amor. Envía, Señor, tu Espíritu. Que renueve la faz de la tierra. Oh Dios, que has llenado los corazones de tus fieles con la luz del Espíritu Santo; concédenos que, guiados por el mismo Espíritu, sintamos con rectitud y gocemos siempre de tu consuelo. Por Jesu-

cristo Nuestro Señor. Amén.

Podemos agregar además la siguiente oración, que es una de las más antiguas que tenemos y rezamos en la Solemnidad de Pentecostés.

Ven, Espíritu Divino manda tu luz desde el cielo. Padre amoroso del pobre; don, en tus dones espléndido; luz que penetra las almas; fuente del mayor consuelo. Ven, dulce huésped del alma, descanso de nuestro esfuerzo, tregua en el duro trabajo, brisa en las horas de fuego, gozo que enjuga las lágrimas y reconforta en los duelos. Entra hasta el fondo del alma, divina luz y enriquécenos. Mira el vacío del hombre, si tú le faltas por dentro; mira el poder del pecado, cuando no envías tu aliento. Riega la tierra sequía, sana el corazón enfermo, lava las manchas, infunde calor de vida en el hielo, doma el espíritu indómito, guía al que tuerce el sendero. Reparte tus siete dones, según la fe de tus siervos; por tu bondad y tu gracia, dale al esfuerzo su mérito; salva al que busca salvarse y danos tu gozo eterno. Amén.

Oración de Protección al Final.

Así como empezamos nuestra actividad, retiro, conferencia, sesión de oración, etc., ahora cerramos y nos protegemos de la siguiente manera:

Señor Jesús, gracias por tu maravilloso ministerio de sanación y liberación. Gracias por las sanaciones que has hecho y las que harás de hoy en adelante como resultado de mi oración. Entendemos que la enfermedad y la maldad que encontramos son mayores de lo que nuestra humanidad puede soportar. Por eso te pedimos que nos limpies de toda tristeza, negatividad o desespero que pudimos haber adquirido durante nuestra oración (o activi-

dad, reunión, sesión, etc.) Y si yo he sido tentado al enojo, impaciencia o lujuria, límpiame de esas tentaciones y
reemplazarlas con amor, gozo y paz. Si algunos de esos
espíritus malignos se nos han apegado o nos han oprimido de alguna manera, en el Nombre de Jesús yo les ordeno a los espíritus de la tierra, aire, fuego, agua, infierno,
y naturaleza a salir -ahora- e ir directamente a Jesucristo
para que Él trate con ellos como Él quiera.

Ven Espíritu Santo, renuévanos, llénanos nuevamente
con tu poder, tu vida y tu alegría fortalécenos donde nos
sentimos débiles y vístenos con tu luz. Llénanos con tu
vida. María, Virgen Santísima madre de Jesús y madre
nuestra, y San Miguel Arcángel, te damos gracias por tu
intercesión por cada uno de nosotros. Y por favor Señor
Jesús, envía a tus santos ángeles para ministrarnos y a
nuestras familias – guárdanos y protégenos de todas las
enfermedades, daños y accidentes. Danos siempre un
viaje seguro. Te alabamos ahora y por siempre, Padre,
Hijo y Espíritu Santo, y te pedimos todo esto en el Santo
Nombre de Jesús para que él sea glorificado. Amén.

Padre Nuestro...

Dios te Salve María...

Gloria al Padre...

Las indicaciones son tomadas de las notas que tomé en
el Seminario de Sanación de Familias del P. Yosefu Ssemakula, el cual a su vez inspiró se inspiró en oraciones de
protección del P. Carl Schmidt C. Ss. R. y del Dr. Francis McNutt, CHM y Robert Abel. Esta oración se puede
utilizar como seguimiento al Seminario sobre todo en si-
tuaciones de emergencia, cuanto tiene un problema que
le está causando mucha preocupación, miedo, ansiedad o

depresión. Fue pensada como un recurso o apoyo para la oración personal en la batalla espiritual, aunque se puede hacer con otras personas cuando estas no han participado en el Seminario y aún no han hecho la Paraliturgia, para ir introduciéndolos a este tipo de oraciones.

Oración de Sanación Intergeneracional

Oración de Protección al Principio.

Antes de comenzar cualquier actividad, retiro, conferencia, sesión de oración, etc. Recomendamos hacer la siguiente oración para protegernos.

En el nombre de Jesucristo, yo tomo la autoridad y ato a todos los poderes malignos y las fuerzas en el aire, en la tierra, en el agua, debajo de la tierra, en el infierno, en la naturaleza y en el fuego. Dios, tu eres el Señor de todo el universo y te doy toda la gloria y la alabanza por tu creación. En tu nombre, Jesucristo, yo ato a todas las fuerzas demoníacas que han estado en contra de nosotros y en nuestras familias y sello a todos con la protección de tu Preciosísima Sangre que fue derramada por nosotros en la cruz. María, madre nuestra, buscamos tu protección y tu intercesión por el Sagrado Corazón de Jesús para todos y cada uno de los que estamos aquí y para nuestras familias donde quiera que se encuentren. Cúbrenos con tu manto de amor para desanimar el enemigo. San Miguel Arcángel y nuestros Ángeles guardianes vengan a defendernos y a nuestras familias en la batalla contra todos los malvados que vagan por la tierra. En el nombre de Jesucristo y por medio de Su Preciosa Sangre, yo ato y ordeno a todos los poderes y las fuerzas del mal a salir ahora mismo de nosotros, nuestras casas y nuestras tierras. Te damos gracias, Señor Jesús, porque tú eres un Dios fiel y compasivo.

En el nombre de Jesucristo, y por el poder de su cruz y de su sangre, atamos el poder de los malos espíritus y les ordenamos a no bloquear nuestras oraciones. Rompemos todas las maldiciones, hechicerías o conjuros, enviados contra nosotros, y los declaramos nulos e inválidos. Rompemos las asignaciones de cualquier espíritu enviado contra nosotros y los enviamos a Jesús para que disponga de ellos como Él quiera. Señor, te pedimos que bendigas a nuestros enemigos enviándoles tu Espíritu Santo para guiarlos al arrepentimiento y a la conversión. Aún más, atamos toda interacción y comunicación con los espíritus del mundo infernal según nos afecta a nosotros y a nuestra oración. Te pedimos por la protección de la Sangre derramada por Jesucristo sobre nosotros y nuestras familias. Gracias, Señor, por tu protección y envía a Tus ángeles, especialmente a San Miguel Arcángel, para que nos ayuden en la batalla. Te pedimos que nos guíes en nuestras oraciones y compartas con nosotros el poder y la compasión de tu Espíritu. Amén.

Padre Nuestro...

Dios te Salve María...

Gloria al Padre...

Oración del Padre Robert DeGrandis
Editado por José Juan Valdez

La siguiente oración recomendamos hacerla en familias en un ministerio de familias y aunque supone una enseñanza previa para entender todo lo referente al GENOGRAMA, el cual es una representación gráfica (en forma de árbol genealógico) de la información básica de, al menos, tres a cuatro generaciones de una

familia. Incluye información sobre su estructura, los datos demográficos de los miembros, los tipos de relaciones que mantienen entre ellos, pero sobretodo los patrones de conducta, emocionales, espirituales y/o cualquier tipo de enfermedad(es) físicas, psicológicas y 'espirituales'; recomendamos que la haga con profunda piedad y discreción por los suyos.

M/L: Tómelo con calma, la oración puede parecer algo abrumadora y puede sensibilizar algunas áreas dolorosas de tu vida. Relájate y recuerda que Jesús es el arqueólogo. Tú no tienes que cavar. El Espíritu Santo irá sacando a la superficie lo que esté preparado para ser sanado.

M/L: POR QUÉ HEMOS NACIDO PARA SER LIBRES... leemos juntos con voz firme:

Todos: Señor Jesús, gracias por tu presencia hoy. Sé que me amas y me estás llamas por mi nombre. Viniste a liberar a los cautivos; gracias por tu amor y tu piedad que me liberan constantemente de vínculos y me llenan de tu vida abundante. Yo te alabo, te bendigo y te adoro. Me pongo bajo tu protección, Señor Jesús, y me cubro con tu preciosa sangre y pido a los ángeles, a los santos y a tu Madre bendita que intercedan por mí.

M/L: Ahora pon tu mano derecha en tu corazón y recibe ahí en silencio esta Palabra: Él te librará de la red del cazador y de la peste perniciosa; te cubrirá con sus plumas y hallarás un refugio bajo sus alas (Sal. 91, 3 – 4)

M/L: AHORA TE INVITO A PERDONAR A AQUELLOS QUE TE HAYAN HERIDO... leemos juntos con voz firme:

Todos: Señor, me sumerjo en un perdón profundo para permitirte limpiarme de cualquier raíz de amargura o re-

sentimiento. **Por un acto de la voluntad, perdono a todas las personas** (nombrar en el silencio de su corazón a todas las personas que necesite perdonar) **desde lo más profundo de mi corazón y bendigo a cada una de estas. Jesús, porque te amo, digo a esas personas: Aunque me hayan herido, yo no los voy a herir. Los presento a Jesús, los perdono, los acepto y los amo tal y como son. Jesús, bendícelos.**

M/L: Ahora pon tu mano en tu corazón y recibe ahí en silencio esta Palabra de Dios: Eviten la amargura, los arrebatos, la ira, los gritos, los insultos y toda clase de maldad. Por el contrario, sean mutuamente buenos y compasivos, perdonándose los unos a los otros como Dios los ha perdonado en Cristo. (Ef. 4, 31 – 32)

M/L: AHORA TE INVITO A PERDONAR Y ORAR POR QUIEN MÁS TE HA HERIDO... leemos juntos con voz firme:

Todos: Señor, ahora te ruego por la persona que más daño me ha hecho en la vida (Dices el nombre en el silencio del corazón)**, la que es como el origen de todo mi dolor. Yo le perdono de todo corazón en el nombre de Jesús de una vez y para siempre y elevo esta persona ante ti, para que reciba tu bendición.**

M/L: Ahora pon tu mano en tu corazón y recibe ahí en silencio esta Palabra de Dios: Sopórtense los unos a los otros, y perdónense mutuamente siempre que alguien tenga motivo de queja contra otro. El Señor los ha perdonado: Hagan ustedes lo mismo. (Col. 3, 13)

M/L: AHORA TE INVITO A PERDONARTE A TI MISMO... leemos juntos con voz firme:

Todos: Señor Jesús, te pido la gracia de perdonarme de

verdad por mi mayor pecado. **Me perdono, Señor por cualquier cosa o situación que haya pasado en mi vida y por la cual sigo culpándome una y otra vez, Señor tú me has perdonado y ahora recibo de ti la gracia de perdonarme de verdad, de una vez y para siempre y me doy un abrazo de paz y reconciliación agradeciendo este perdón.**

M/L: Ahora pon tu mano en tu corazón y recibe ahí en silencio esta Palabra de Dios: Que la paz de Cristo reine en sus corazones: esa paz a la que han sido llamados... (Col. 3, 15)

M/L: AHORA TE INVITO A PEDIR PERDÓN AL SEÑOR POR TODOS LOS TUYOS... leemos juntos con voz firme:

Todos: Señor, me pongo en tu presencia y te pido por todos aquellos que llevan mi sangre, que no están perfectamente unidos a ti. Señor, te pido perdón por sus culpas. Me uno a la oración del profeta Daniel cuando intercedió por su pueblo y digo: "Señor, Dios grande y temible, que guardas la alianza y el amor a los que te aman y observan tus mandamientos. Nosotros hemos pecado, hemos sido injustos y rebeldes y nos hemos apartado de tus mandamientos y de tus leyes" (Dn. 9, 4 – 5). "... porque nos hemos sublevado contra Yahvé. De Él esperamos solamente el perdón y la misericordia" (vs. 8 – 8). "Ahora, pues, oh Dios nuestro, escucha la plegaria y las súplicas de tu siervo, y, por amor de ti mismo, haz brillar tu rostro sobre tu santuario devastado. Dios mío, inclina tus oídos y escucha. Abre tus ojos y mira cómo está arruinada la ciudad sobre la cual ha sido pronunciado tu Nombre. No nos apoyamos en nuestras buenas obras, sino que derramamos nuestras súplicas ante ti, confiados en tu gran misericordia. Señor, escucha; Señor, perdona; Señor, atiende. Obra, Dios mío, no tardes más, por amor de ti mismo, ya que tu Nombre ha sido invocado sobre tu ciudad y tu pueblo". (vs. 17 – 19)

M/L: Ahora pon tu mano en tu corazón y recibe ahí en silencio esta Palabra de Dios: Perseveren en la oración, velando siempre en ella con acción de gracias. (Col. 4, 2)

M/L: AHORA TE INVITO A PROCLAMAR A JESÚS COMO TU SEÑOR Y EL DE LOS TUYOS... leemos juntos con voz firme:

Todos: Señor, ante ti, confieso que mis antepasados han podido estar mezclados en ocultismo, espiritismo, brujería y toda forma de buscar información en fuentes ocultas. Señor, perdona. En el nombre de Jesús y con el poder del Espíritu Santo, tomo y uso la autoridad que Tú me has conferido por el bautismo. Rompo el poder del mal sobre mis antepasados con esa autoridad; acabo con todas las maldiciones, brujerías, hechizos, malos deseos, vudú, magia negra, secretos hereditarios, conocidos y desconocidos. Deshago todos los votos satánicos, pactos, ataduras y vínculos con fuerzas satánicas, corto la transmisión de esos vínculos a través de mis antepasados. Rompo los efectos de todos los vínculos mentales que haya habido con clarividentes, astrólogos, médiums, videntes ocultos y adivinos. Renuncio a cualquier participación en sesiones de adivinación y cualquier actividad con las cartas del tarot o tabla guija, astrología y juegos ocultos de todo tipo. Renuncio a todas las formas en que Satanás me puede tener tomado. Rompo con la transmisión de todas las obras satánicas que hayan pasado a través de mis generaciones. Señor, por favor, remueve de mis antepasados todos los efectos que hayan podido provocar el estar involucrados en lo oculto. Recupero cualquier territorio que haya sido entregado a Satanás por mis antepasados, y lo coloco bajo el poder de Jesucristo Señor y Dios mío y de mis generaciones. Además rechazo las idolatrías de mis predecesores. Corto los vínculos que conectan y me atan a esos tipos de idolatría de mis parientes en épocas

pasadas. Rechazo los ídolos de mi hogar: joyas, formas de transporte, comida, bebida, títulos, tierras, animales y posesiones de toda clase. Padre, perdona todo esto. Hago una santa elección por mi árbol genealógico: "Nosotros serviremos al Señor, nuestro Dios y escucharemos su voz". Señor, por favor, crea en mi familia, hombres y mujeres sanos que estén profundamente comprometidos con tu verdad.

M/L: Ahora pon tu mano en tu corazón y recibe ahí en silencio esta Palabra de Dios: Por eso Dios lo exaltó y le dio el Nombre que está sobre todo nombre, para que al Nombre de Jesús, **se doble toda rodilla** en el cielo, en la tierra y en los abismos, y **toda lengua proclame** para gloria de Dios Padre: «Jesucristo es El Señor». (Fil. 2, 9 – 11)

M/L: AHORA TE INVITO A QUE LE PIDAS A DIOS QUE TOQUE, CURE Y NOS HAGA NUEVOS... leemos juntos con voz firme:

Todos: Ahora ruego para que las aguas de mi bautismo fluyan a través de todas las generaciones pasadas, a través de mi árbol genealógico. Dejo que fluya la Sangre de Jesús, que limpia y da vida, a través de cada generación; primera, segunda, tercera, cuarta, quinta, etc., hasta los primeros tiempos. Dejo que la Sangre de Jesús fluya desde la cruz a través de todos los padres y sus hijos hasta la duodécima generación, tocando y sanando íntegramente y ahora coloco la cruz de Jesucristo entre mi persona y cada generación de mis antepasados, y rompo la transferencia de todas las fuerzas opresoras de la vida que obran contra mí, en mí o a través de mí.

M/L: Ahora pon tu mano en tu corazón y recibe ahí en silencio esta Palabra de Dios: ...porque ésta es Mi Sangre, la Sangre de la Alianza, que se derrama por muchos para la remisión de los pecados (Mt. 26, 28)

M/L: AHORA TE INVITO A QUE PIDAS POR LA INTEGRI-DAD EN EL MATRIMONIO PARA LOS TUYOS... leemos juntos con voz firme:

Todos: En nombre de Jesucristo rompo todos los patrones de profunda infelicidad matrimonial de mi árbol genea-lógico. Digo "NO" a toda supresión de la esposa y a todas las expresiones de falta de amor en el matrimonio. Paro todo odio, deseo de muerte, cualquier deseo o intencio-nes malas en las relaciones matrimoniales. Acabo con toda transmisión de violencia, venganza, rencor, todo comportamiento negativo, toda infidelidad y decepción. Pongo fin a toda transmisión codificada que impide re-laciones duraderas. Renuncio a esquemas de tensión fa-miliar, de divorcio y falta de sensibilidad, en el nombre de Jesús; acabo con todos los esquemas que estén pro-fundamente arraigados en sentirse atrapado en un ma-trimonio infeliz y todos los sentimientos de vacío y fraca-so. Padre, perdona a mis familiares por todas las formas en que han deshonrado el Sacramento del Matrimonio. Por favor, haz que en toda mi familia haya muchos matri-monios bien avenidos, llenos fe, fidelidad, ternura y del amor que viene de Ti.

M/L: Ahora pon tu mano en tu corazón y recibe ahí en silen-cio esta Palabra de: Las aguas torrenciales no pueden apagar el amor, ni los ríos anegarlo. (Cant. 8, 7)

M/L: AHORA TE INVITO A PEDIR SANACIÓN POR TODOS LOS NIÑOS HERIDOS EN TU ÁRBOL GENEALÓGICO... lee-mos juntos con voz firme:

Todos: Señor, ahora disuelvo todos los esquemas que hi-rieron a los niños en mi linaje. Voy contra todas las for-

mas hirientes, los abortos, embarazos interrumpidos por cualquier situación y forma, embarazos no deseados, bebés que no hayan sido bienvenidos. Renuncio a todas las formas de no valorar la vida; rechazo todos los hábitos de destrucción, abandono y secuestro, emocional y físico de niños. Digo: No más a todos los tipos de partos difíciles o problemáticos y de gestaciones anormales. Señor, te pido perdón por todas las formas en que mis antepasados han ocasionado daño directo o indirecto a los niños. Te pido, Señor Jesús, que intervengas para sanar sus heridas y detengas la continuidad de este modelo satánico. Dios y Padre nuestro, haz que la gente de mi linaje respete y ame a sus hijos y a todos los niños en general y que les eduquen de forma que te honren. Haz que los futuros hijos de mi familia sepan lo que es ser deseados, valorados y amados profundamente.

M/L: Ahora pon tu mano en tu corazón y recibe ahí en silencio esta Palabra de Dios del Evangelio de San Mateo: Pero Jesús les dijo: Dejen a los niños y no les impidan que vengan a mí, porque el Reino de los Cielos pertenece a los que son como ellos. (Mt. 19, 14)

M/L: AHORA TE INVITO A PEDIR POR SANACIÓN SEXUAL EN TU ÁRBOL GENEALÓGICO... leemos juntos con voz firme:

Todos: De nuevo me pongo ante ti, Señor Jesús, por los pecados de mis antepasados. Ahora pongo fin a todos los caminos profundamente surcados de pecado sexual. Digo "NO" a todas las tendencias de exhibición indecente, violación, fornicación, masturbación, acoso sexual, incesto y cualquier perversión. Renuncio a toda bestialidad, masoquismo, sadismo, ninfomanía, lujuria y prostitución en mi familia. Pongo fin a toda agresión sexual, desórdenes de personalidad, traumas sexuales y desviación en el comportamiento. Ordeno a cada demonio que esté enganchado en estos esquemas que se marche ahora, en el nombre de Jesús. Tomo la espada del Espíritu Santo para romper esta cadena de vínculos malignos. Padre, perdona y trae salud sexual e integridad donde había enfermedad. Padre, deja que todo mi linaje tenga una sexualidad sana. Permite que cada expresión sexual sea pura y agradable a ti, Señor. Te bendigo, te adoro y te alabo. Gracias por permitirme ver tu luz, tu integridad y tu bendición en esta área de mi árbol genealógico.

M/L: Ahora pon tu mano en tu corazón y recibe ahí en silencio esta Palabra de Dios: La voluntad de Dios es que sean santos, que se abstengan del pecado carnal, que cada uno sepa usar su cuerpo con santidad y respeto. (1 Tes. 4, 3 – 4)

M/L: AHORA TE INVITO A PEDIR POR SALUD MENTAL EN TU ÁRBOL GENEALÓGICO... leemos juntos con voz firme:

Todos: Con el poder de la Sangre de Jesús rompo todos los esquemas de enfermedad mental que puedan estar codificados en mi sistema ancestral. Rompo todo comportamiento anormal, antisocial, paranoias, esquizofrenias, patrones pasivos o agresivos, desórdenes de la personalidad y tics nerviosos. Rompo toda la inflexibilidad, perfeccionismo (obsesivo), patrones de comportamiento maníaco–depresivo y otras rarezas en las conductas y el comportamiento. Interrumpo toda herida y represión de la masculinidad; llevo a fin todas las formas generacionales de opresión y daño al espíritu femenino. Sello los caminos escondidos de autodestrucción que haya habido en mi historia familiar. Señor, llena estas áreas con tu perdón y paz. Padre, imprime en mi linaje la salud mental y la integridad. Haz que cada uno tenga la mente en Cristo. Haz que broten esquemas de mente clara, equilibrio emocional y relaciones sanas. Acaba con todos los mode-

los profundamente oscuros de pesadez emocional y espiritual, incapacidad de jugar, de divertirse y de expresar alegría. Te pido, Señor Jesús, que entre en mi linaje haya un espíritu risueño y alegre.

M/L: Ahora pon tu mano en tu frente y recibe ahí en silencio esta Palabra de Dios: ...transfórmense interiormente renovando su mentalidad, a fin de que puedan discernir cuál es la voluntad de Dios: lo que es bueno, lo que le agrada, lo perfecto. (Rom. 12, 2)

M/L: AHORA TE INVITO A PEDIR POR EL FIN A CUALQUIER TIPO DE FOBIAS Y ODIOS EN TU ÁRBOL GENEALÓGICO... leemos juntos con voz firme:

Todos: Ahora acabo con todas las clases de miedo en mi árbol genealógico. Tomo autoridad sobre todo miedo al rechazo y miedo al fracaso. Digo "NO" a todos los miedos al agua, a los hombres, a las alturas, al éxito o al fracaso, al gentío, a las mujeres, a Dios, a la muerte, a salir del hogar, a lugares cerrados, a los espacios abiertos, a hablar en público, a viajar en avión y al dolor. Señor, deja que mi familia en todas sus generaciones, sepa que no hay temor en el amor. Con el poder del Espíritu Santo pongo fin a todas las respuestas profundamente enraizadas en el odio: a otros, a uno mismo, a Dios, odio racial y fanatismo religioso. Padre, perdónanos. Haz que mi árbol genealógico esté lleno por hombres y mujeres llenos de amor y libertad. Deja que tu amor perfecto llene toda mi historia familiar y que todo recuerdo de temor desaparezca en el Nombre de Jesús. Te alabo, te bendigo, Señor.

M/L: Ahora pon tu mano en tu corazón y recibe ahí en silencio esta Palabra de Dios: En el amor no hay lugar para el temor: al contrario, el amor perfecto elimina el temor... (1 Jn. 4, 18)

M/L: AHORA TE INVITO A PEDIR PARA SANAR HÁBITOS NOCIVOS E INCORREGIBLES EN TU FAMILIA... leemos juntos con voz firme:

Todos: Tomo la espada del Espíritu Santo y corto los efectos de hábitos incorregibles. Pongo fin a todas las formas de adicción. A las de conducta: juego, sexo, internet, sectas, relaciones co-dependientes y comprar compulsivamente; a las de ingestión química: alcohol, nicotina, cocaína, marihuana, opiáceos, sedantes, hipnóticos, anfetaminas, éxtasis y heroína; a las relacionadas con la comida: anorexia, bulimia, comedor compulsivo, etc. Rompo todos los moldes de acumular y derrochar recursos y talentos. Me opongo a la mezquindad y al robo. Padre, perdona y libera a mi familia de los vínculos de todos los hábitos incorregibles por tu piedad, gracia y generosidad.

M/L: Ahora pon tu mano en tu corazón y recibe ahí en silencio esta Palabra de Dios del libro del Profeta Isaías: Él me envió a llevar la buena noticia a los pobres, a vendar a los corazones heridos, a proclamar la liberación a los cautivos y a liberar a los prisioneros... (Is. 61, 1)

M/L: AHORA TE INVITO A PEDIR POR LA SANACIÓN DE TODO TIPO DE ENFERMEDADES... leemos juntos con voz firme:

Todos: Ordeno a todas las clases de enfermedades de mi código genético que en el nombre de Jesús y por su amor infinito hacia nosotros, que dejen de existir. Tomo la espada del Espíritu Santo y corto todos los vínculos de cualquier clase de enfermedad: enfermedades del corazón, de la sangre, de los riñones, hígado, páncreas, cáncer y problemas digestivos; enfermedades relacionadas con la comida (anorexia, bulimia, obesidad, peso muy bajo), úlceras y tendencias a formar tumores. Me opongo a todos

los tipos de enfermedades de la mujer, problemas menstruales, hormonales, infertilidad y frigidez sexual. Rompo el vínculo de todos los problemas sexuales masculinos, impotencia, problemas de próstata y enfermedades de transmisión sexual. También rompo las deformidades físicas, problemas de oído, inmunodeficiencias, enfermedades raras, ojos delicados, mala dentadura, pies planos. Me opongo a todo tipo de migraña, convulsiones, retraso mental, problemas pulmonares y respiratorios, alergias, artritis, reumatismo, enfermedades de la piel o de los huesos. Renuncio a toda clase de traumas físicos que hayan llegado a mí a través de las generaciones. Corto esa conexión. Extirpo la raíz, causa de todas las enfermedades físicas y debilidades inexplicables. Señor, libérame de los efectos de esos caminos de enfermedad grabados en mis antepasados. Pon fin a su propagación. Padre, perdona a aquellos en mi familia que han elegido la enfermedad para evitar la vida; por las formas con que han afrontado las necesidades de manera insana. Haz que un nuevo modelo de "elegir la vida" fluya como río a través de mi genealogía. Te alabo, Señor.

M/L: Ahora pon tu mano en tu corazón y recibe ahí en silencio esta Palabra de Dios: En todas las partes donde entraba, pueblos, ciudades y poblados, ponían los enfermos en las plazas y le rogaban que les dejara tocar tan solo el borde de su manto, y los que lo tocaban quedaban curados (Mc. 6, 56)

M/L: AHORA TE INVITO A PEDIR POR LA SANACIÓN DE MUERTES RARAS Y VIOLENTAS EN TU ÁRBOL GENEALÓGICO... leemos juntos con voz firme:

Todos: Ahora intercedo por todas aquellas personas en mi familia que hayan muerto a temprana edad, que no hayan sido amadas, que no hayan tenido funerales adecuados u oraciones, y que no hayan tenido un entierro lleno de amor cristiano. También oro por todos aquellos que han tenido muertes terribles, con largas agonías; muertes violentas, envenenados, baleados, muertos por fuego, por explosiones o apuñalados, ahorcados, ahogados, en acciones de guerra o matados por animales. Pongo ante ti, Señor, a todos mis antepasados que murieron de forma inexplicable y misteriosa, por accidentes o por suicidio. Haz que la transmisión de tendencias a muertes horribles y fuera de lo normal, cesen en este momento en el Nombre de Jesús. Señor, haz que tu amor que sana, que es misericordioso y que perdona, los toque con ternura. Señor, haz que desde ahora en mis descendientes solo haya muertes dulces y suaves. Haz que experimenten un tránsito cristiano de la vida a la muerte y de ahí a la vida contigo para siempre. Padre, haz que nadie en mi familia muera hoy sin conocer y aceptar completamente en sus vidas a Nuestro Señor Jesucristo.

M/L: Ahora pon tu mano en tu corazón y recibe ahí en silencio esta Palabra de Dios del Evangelio de San Juan: Yo soy la Resurrección. El que cree en mí, aunque muera, vivirá; y todo el que vive y cree en Mí, no morirá jamás. (Jn. 11, 25-26)

M/L: AHORA TE INVITO A PEDIR PARA SANAR EL DOLOR DE SER DIFERENTES... leemos juntos con voz firme:

Todos: Renuncio a todos los efectos por ser diferente que estén grabados en mi familia. Tomo la autoridad sobre todos los efectos de color de los ojos, de la piel, del tamaño, del cuerpo y los talentos. Corto la transmisión del sufrimiento por tener diferentes idiomas, cultura, raza, color, por aquellos que han sentido que ellos o sus padres son feos o raros; corto la ruta del dolor transmitida por defectos visibles de nacimiento, así como también por deformidades y retrasos. Padre, las respuestas a estas y otras diferencias han podido transmitirse a través de

generaciones. **Por favor, Señor, cesa esta transmisión y perdona a aquellos que de cualquier manera permitieron el daño. Envía tu amor a través de las generaciones para que las toque y las sanes plenamente. Gracias, Jesús.**

M/L: Ahora pon tu mano en tu corazón y recibe ahí en silencio esta Palabra de Dios: Tú creaste mis entrañas, me tejiste en el seno de mi madre. Te doy gracias porque fui formado de manera tan admirable; ¡Qué maravillosas son tus obras! (Sal. 139, 13 – 14)

M/L: AHORA TE INVITO A PEDIR PARA SANAR COSAS RELACIONADAS CON LA LENGUA... leemos juntos con voz firme:

Todos: Levanto mi voz para cortar la transmisión de todo problema de comunicación, dificultad o miedo para hablar en público, defectos en el habla especialmente, el tartamudeo. Gracias, Señor, por sanar a tu pueblo. Me opongo a todos los medios de herir a otros verbalmente, la mentira, la calumnia, la injuria, el rumor y el chisme; me opongo a toda blasfemia, maldad y traición por la lengua. Padre, perdona; haz que mis familiares sean gente que comunique la verdad y la santidad. Te doy gracias, Señor.

M/L: Ahora pon tu mano en tu corazón y recibe ahí en silencio esta Palabra de Dios del libro de los Salmos: Mi boca anunciará incesantemente tus actos de justicia y salvación, aunque ni siquiera soy capaz de enumerarlos. (Sal. 71, 15)

M/L: AHORA TE INVITO A PEDIR POR LA UNIDAD EN TU FAMILIA... leemos juntos con voz firme:

Todos: Ahora pongo fin a todo tipo de ruptura en mi genealogía. Rompo con autoridad todos los caminos de se-

paración de la familia y de la religión; pongo una barrera a aquellos, niños, jóvenes, adultos y padres, que intentan abandonar el hogar; me opongo a todos los que se escapan para casarse, o se escapan a la legión (grupos armados, bandas, asociaciones ilegales, crimen organizado, etc.) o para unirse a sectas religiosas. Disuelvo todas las raíces de aislamiento, de huidas y fugas. Padre, rodea mi árbol genealógico con tu corazón que perdona y ama. Codifica en mi familia un modelo de participación en una comunidad sana. Haz que todos estén unidos. Permite que seamos gente abierta y capaz de relacionarnos de forma entrañable con los demás. Gracias Señor Jesús.

M/L: Ahora pon tu mano en tu corazón y recibe ahí en silencio esta Palabra de Dios: ¡Qué bueno y agradable es que los hermanos vivan unidos! (Sal. 133, 1)

M/L: FINALMENTE TE INVITO A PEDIR QUE DIOS CORTE DE RAÍZ TODO MAL... leemos juntos con voz firme:

Todos: Ahora corto todos los patrones de sufrimiento interminable, incluyendo la necesidad de sufrir y la necesidad de fracasar; rompo todos los caminos de sufrimiento por sentirme inútil, indigno y sin esperanza. Quito todos los patrones repetidos de sentirme descorazonado, sin raíces y de no pertenecer a nadie. Corto todas las raíces de desesperación e indignidad, trauma emocional y parálisis. Digo "NO" a todos los patrones de rechazo, amargura, resentimiento y faltas de perdón. En nombre de Jesucristo renuncio a todos los caminos del mal, negativismo y falta de amor en mis antepasados. Señor, te pido por tu amor y misericordia que quites de mi mente cualquier pensamiento obsesivo y que Tú estés dispuesto a sanar cualquier clase de vergüenza, dolor o pena, a revelar los pecados ancestrales y que tú digas: Ahora es el momento de liberación". Bendito sea Dios.

M/L: Ahora pon tu mano en tu corazón y recibe ahí en silencio esta Palabra de Dios del Evangelio de San Lucas: El hacha ya está puesta a la raíz de los árboles. (Lc. 3, 9)

Todos: Señor, finalmente te pido lleno de humildad y de necesidad que con un soplo de Tu Espíritu envíes perdón y reconciliación a través de todas mis generaciones. Gracias por tocar, liberar, sanar y hacernos nuevos; gracias por ser mi sabiduría, mi justicia, mi santificación y mi redención. Yo me rindo al ministerio de tu santo Espíritu, al que lo invito a habitar en mi vida y en mi corazón, y recibo con respeto, docilidad y un profundo agradecimiento tu verdadera sanación intergeneracional.

Oración de Protección al Final

Así como empezamos nuestra oración, ahora cerramos y nos protegemos de la siguiente manera:

Señor Jesús, gracias por tu maravilloso ministerio de sanación y liberación. Gracias por las sanaciones que has hecho y las que harás de hoy en adelante como resultado de mi oración. Entendemos que la enfermedad y la maldad que encontramos son mayores de lo que nuestra humanidad puede soportar. Por eso te pedimos que nos limpies de toda tristeza, negatividad o desespero que pudimos haber adquirido durante nuestra oración (o actividad, reunión, sesión, etc.) Y si yo he sido tentado al enojo, impaciencia o lujuria, límpiame de esas tentaciones y reemplazarlas con amor, gozo y paz. Si algunos de esos espíritus malignos se nos han apegado o nos han oprimido de alguna manera, en el Nombre de Jesús yo les ordeno a los espíritus de la tierra, aire, fuego, agua, infierno, y naturaleza a salir -ahora- e ir directamente a Jesucristo para que Él trate con ellos como Él quiera.

Ven Espíritu Santo, renuévanos, llénanos nuevamente con tu poder, tu vida y tu alegría fortalécenos donde nos sentimos débiles y vístenos con tu luz. Llénanos con tu vida. María, Virgen Santísima madre de Jesús y madre nuestra, y San Miguel Arcángel, te damos gracias por tu intercesión por cada uno de nosotros. Y por favor Señor Jesús, envía a tus santos ángeles para ministrarnos y a nuestras familias – guárdanos y protégenos de todas las enfermedades, daños y accidentes. Danos siempre un viaje seguro. Te alabamos ahora y por siempre, Padre, Hijo y Espíritu Santo, y te pedimos todo esto en el Santo Nombre de Jesús para que él sea glorificado. Amén.

Padre Nuestro...

Dios te Salve María...

Gloria al Padre...

Oración de San Miguel Arcángel

Del Papa León XIII

En el nombre del Padre, del Hijo y del Espíritu Santo...

Todos: San Miguel Arcángel, defiéndenos en el combate contra las maldades e insidias del demonio. Se nuestra ayuda, te rogamos suplicantes. ¡Que el Señor nos lo conceda! Y tú, príncipe de las milicias celestiales, con el poder que te viene de Dios arroja en el infierno a Satanás y a los otros espíritus malignos que ambulan por el mundo para la perdición de las almas.

Todos: ¡Oh glorioso príncipe de las milicias celestes, san Miguel arcángel, defiéndenos en el combate y en la terrible lucha que debemos sostener contra los principados y las potencias, contra los príncipes de este mundo de tinieblas, contra los espíritus malignos! Ven en auxilio de los hombres que Dios ha creado inmortales, que formó a su imagen y semejanza y que rescató a gran precio de la tiranía del demonio. Combate en este día, con el ejército de los santos ángeles, los combates del Señor como en otro tiempo combatiste contra Lucifer, el jefe de los orgullosos, y contra los ángeles apóstatas que fueron impotentes de resistirte y para quien no hubo nunca jamás lugar en el cielo. Si ese monstruo, esa antigua serpiente que se llama demonio y Satán, él que seduce al mundo entero, fue precipitado con sus ángeles al fondo del abismo.

M/L: Pero he aquí que ese antiguo enemigo, este primer homicida ha levantado ferozmente la cabeza. Disfrazado como ángel de luz y seguido de toda la turba y seguido de espíritu malignos, recorre el mundo entero para apoderarse de él y desterrar el Nombre de Dios y de su Cristo, para hundir, matar y entregar a la perdición eterna a las almas destinadas a la eterna corona de gloria. Sobre hombres de espíritu perverso y de corazón corrupto, este dragón malvado derrama también, como un torrente de fango impuro el veneno de su malicia infernal, es decir el espíritu de mentira, de impiedad, de blasfemia y el soplo envenado de la impudicia, de los vicios y de todas las abominaciones. Enemigos llenos de astucia han colmado de oprobios y amarguras a la Iglesia, esposa del Cordero inmaculado, y sobre sus bienes más sagrados han puesto sus manos criminales. Aun en este lugar sagrado, donde fue establecida la Sede de Pedro y la cátedra de la Verdad que debe iluminar al mundo, han elevado el abominable trono de su impiedad con el designio inicuo de herir al Pastor y dispersar al rebaño.

Todos: Te suplicamos, pues, Oh príncipe invencible, contra los ataques de esos espíritus réprobos, auxilia al pueblo de Dios y dale la victoria. Este pueblo te venera como su protector y su patrono, y la Iglesia se gloría de tenerte como defensor contra los malignos poderes del infierno. A ti te confió Dios el cuidado de conducir a las almas a la beatitud celeste. ¡Ah! Ruega pues al Dios de la paz que ponga bajo nuestros pies a Satanás vencido y de tal manera abatido que no pueda nunca más mantener a los hombres en la esclavitud, ni causar perjuicio a la Iglesia. Presenta nuestras oraciones ante la mirada del Todopoderoso, para que las misericordias del Señor nos alcancen cuanto antes. Somete al dragón, la antigua serpiente que es diablo y Satán, encadénalo y precipítalo en el abismo, para que no pueda seducir a los pueblos. Amén

M/L: He aquí la Cruz del Señor, huyan potencias enemigas.

Todos: Venció el León de Judá, el retoño de David

M/L: Que tus misericordias, Oh Señor se realicen sobre nosotros.

Todos: Como hemos esperado de ti.

M/L: Señor, escucha mi oración

Todos: Y que mis gritos se eleven hasta ti.

M/L: Oh Dios Padre Nuestro Señor Jesucristo, invocamos tu Santo Nombre, e imploramos insistentemente tu clemencia para que por la intercesión de María inmaculada siempre Virgen, nuestra Madre, y del glorioso san Miguel arcángel, te dignes auxiliarnos contra Satán y todos los otros espíritus inmundos que recorren la tierra para dañar al género humano y perder las almas. Amén

Oraciones de Protección

Opción Sencilla de Oración de Protección

Oración de Protección - Inicio

Antes de cualquier actividad, predicación, oración u otros.

Al iniciar esta: (oración, actividad, predica, retiro, etc.) «Yo Clamo sobre mí, sobre mis familiares, comunidad, amigos y pertenencias, la Sangre del Cordero de Dios, que nos purifica los pecados del mundo y que rompe con cualquier estrategia o maquinación del enemigo. Amén.»

Oración de Protección – Final

Después de cualquier actividad, predicación, oración u otros.

Al terminar ahora «Clamo sobre mí sobre mis familiares, comunidad, amigos y pertenencias, la Sangre del Cordero de Dios, que nos purifica los pecados del mundo y que rompe con cualquier estrategia o maquinación del enemigo. Prohíbo a cualquier espíritu o enfermedad, que tome venganza por lo que ha sucedido en esta (oración, actividad, predica, retiro etc.). Prohíbo a cualquier sentimiento de ira, impaciencia, lujuria, rencor (o cualquier otro) adherirse a mi persona. Pido a mi Ángel de la Guarda y a San Miguel Arcángel, ponerse alerta y protegerme ante cualquier ataque. En el nombre de Jesús, por la intercesión de María, nuestra Madre, la Siempre Virgen, quedamos bajo Su protección. Amén».

Oración de Protección Contra el Mal

Hoy más que nunca que debemos orar con insistencia para protegernos de la influencia del demonio. Este causa muchos sufrimientos en el hombre e incluso puede afectar su salud. Jesús nos entregó una oración para que la recemos con frecuencia. Basta con rezar esa oración (de arrepentimiento, sanación y liberación) acompañada de algunos Padrenuestros, sin embargo para aquellas personas que lo prefieran, vamos a entregarles otras oraciones de protección que tenemos guardadas, pero insistimos que basta solamente con la que nos entregó Jesús y con los padrenuestros. Si tiene agua bendita, vaya rociando por los distintos lugares (opcional).

Señor Jesús, en tu nombre y con el Poder de tu Sangre Preciosa, sellamos toda persona, hechos o acontecimientos a través de los cuales el demonio nos quiera hacer daño.

Con el Poder de la Sangre de Jesús, sellamos toda potestad destructora en el aire, en la tierra, en el agua, en el fuego, debajo de la tierra, en las fuerzas satánicas de la naturaleza, en los abismos del infierno y en el mundo en el cual nos movemos hoy.

Con el Poder de la Sangre de Jesús rompemos toda interferencia y acción del maligno. Te pedimos Jesús que envíes a nuestros hogares y a lugares de trabajo a la Santísima Virgen acompañada de San Miguel, San Gabriel, San Rafael y toda su corte de Santos Ángeles.

Con el Poder de la Sangre de Jesús sellamos nuestra casa, todos los que la habitan en ella (nombrar a cada uno de los que habitan su hogar), las personas que el Señor enviará a ella, así como los alimentos y los bienes que Él generosamente nos envía para nuestro sustento.

Con el Poder de la Sangre de Jesús sellamos tierra, puertas, ventanas, objetos, paredes, pisos y el aire que respiramos y en fe colocamos un círculo de Su Sangre alrededor de toda nuestra familia.

Con el Poder de la Sangre de Jesús sellamos los lugares en donde vamos a estar este día, y las personas, empresas o instituciones con quienes vamos a tratar (nombrar a cada una de ellas).

Con el Poder de la Sangre de Jesús sellamos nuestro trabajo material y espiritual, los negocios de toda nuestra familia y los vehículos, las carreteras, los aires, las vías y cualquier medio de transporte que habremos de utilizar.

Con Tu Sangre preciosa sellamos los actos, las mentes y los corazones de todos los habitantes y dirigentes de nuestra Patria a fin de que Tu Paz y Tu Corazón al fin reinen en ella.

Te agradecemos Señor por Tu Sangre y por Tu Vida, ya que gracias a Ellas hemos sido salvados y somos preservados de todo lo malo. Amén.

Diferentes Oraciones por la Familia

Oración por la Familia
Por Benedicto XVI

Oh, Dios, que en la Sagrada Familia nos dejaste un modelo perfecto de vida familiar
vivida en la fe y la obediencia a tu voluntad.

Ayúdanos a ser ejemplo de fe y amor a tus mandamientos.
Socórrenos en nuestra misión de transmitir la fe a nuestros hijos.

Abre su corazón para que crezca en ellos la semilla de la fe que recibieron en el bautismo.

Fortalece la fe de nuestros jóvenes, para que crezcan en el conocimiento de Jesús.

Aumenta el amor y la fidelidad en todos los matrimonios, especialmente aquellos que pasan por momentos de sufrimiento o dificultad.

Unidos a José y María, Te lo pedimos por Jesucristo tu Hijo, nuestro Señor. Amén.

Oración por la Familia
Por Santa Teresa de Calcuta

Padre Celestial, nos has dado un modelo de vida en la Sagrada Familia de Nazaret. Ayúdanos, Padre amado, a hacer de nuestra familia otro Nazaret, donde reine el amor, la paz y la alegría.

Que sea profundamente contemplativa, intensamente eucarística y vibrante con alegría. Ayúdanos a permanecer unidos por la oración en familia en los momentos de gozo y de dolor. Enséñanos a ver a Jesucristo en los miembros de nuestra familia especialmente en los momentos de angustia.

Haz que el corazón de Jesús Eucaristía haga nuestros corazones mansos y humildes como el suyo y ayúdanos a sobrellevar las obligaciones familiares de una manera santa. Haz que nos amemos más y más unos a otros cada día como Dios nos ama a cada uno de nosotros y a perdonarnos mutuamente nuestras faltas como Tú perdonas nuestros pecados.

Ayúdanos, oh Padre amado, a recibir todo lo que nos das y a dar todo lo que quieres recibir con una gran sonrisa. Inmaculado Corazón de María, causa de nuestra alegría, ruega por nosotros. Santos ángel es de la Guarda permanezcan a nuestro lado, guiándonos y protegiéndonos. Amén.

Oración a la Sagrada Familia
Por el Papa Francisco en Amoris Laetitia

Jesús, María y José en ustedes contemplamos el esplendor del verdadero amor, a ustedes, confiados, nos dirigimos.

Santa Familia de Nazaret, haz también de nuestras familias, lugar de comunión y cenáculo de oración, auténticas escuelas del Evangelio y pequeñas iglesias domésticas.

Santa Familia de Nazaret, que nunca más haya en las familias episodios de violencia, de cerrazón y división; que quien haya sido herido o escandalizado sea pronto consolado y curado.

Santa Familia de Nazaret, haz tomar conciencia a todos del carácter sagrado e inviolable de la familia, de su belleza en el proyecto de Dios.

Jesús, María y José, escuchen, acojan nuestra súplica. Amen.

Oración de los Padres de Familia por sus Hijo/s

Señor, Padre todopoderoso,
te damos gracias por habernos dado este/os hijo/s.

Es/son una alegría para nosotros,
nos mueven a ensanchar el corazón
y a dar sin esperar nada a cambio.
Si ha habido preocupaciones,
temores y fatigas
que nos cuestan,
las aceptamos con serenidad.

Ayúdanos a amarlos profundamente.
Como tú los amas desde toda la eternidad,
a nosotros, danos sabiduría para guiarlos,
paciencia para instruirlos, vigilancia para
acostumbrarlos al bien mediante nuestro ejemplo.

Fortaleces nuestro amor para corregirlos
y hacerlos cada día mejores personas e hijos tuyos.

Y Aunque a veces no he podido comprenderlos déjanos
mostrarles el camino que lleva a ti y enséñanos tú Padre
bueno por los méritos de Jesús tu Hijo y Señor nuestro
que un día que dejen nuestro lado, nunca se dejen del
tuyo.

Amén

Oración de Bendición del Hogar

Antes de comenzar el rito de bendición se puede colocar una vela (cirio) en cada habitación y en al menos uno de los baños, además de los espacios importantes de reunión (sala, comedor, etc.)

Tener el agua bendita lista para rociar en cada una de las habitaciones y espacios que se van a bendecir.

Para comenzar si el clima lo permite, la familia se reúne en la parte de afuera de la casa en la entrada principal.

Recomendamos hacer la bendición tan pronto se mude a la nueva residencia. Aunque también, si por cualquier razón no se ha realizado una, pueden hacerla en el aniversario de que se mudaron, o incluso se puede hacer una vez al año en una festividad importante familiar como la navidad, la pascua, un aniversario, etc. La puede dirigir un ministro ordenado (M), un líder laico o el padre/madre de la casa (L).

M/L: En el nombre del Padre y del Hijo y del Espíritu Santo...

M/L: Oremos: Señor Dios nuestro, que resides en el cielo, la tierra y más allá de lo no descubierto, ven y bendice esta casa que va a ser (o, ya es) nuestro hogar. Rodea este albergue con Tu Espíritu Santo. Cubriendo sus cuatro lados con el poder de tu protección

Todos: Que esa divina bendición proteja este hogar contra destrucción, tormenta y enfermedades de todos los que vamos a habitar dentro de estas paredes.

Después se puede trazar la señal de la cruz o rociar con agua bendita afuera de la casa o al menos afuera de la entrada principal y hacemos la siguiente oración al abrir la puerta.

M/L: Dios Padre Todopoderoso, bendice esta entrada. Que todo el que entre sea tratado con respeto y amabilidad. Que en todo nuestro ir y venir esté bajo el sello del amor de Dios. Bendice todos los cuartos/habitaciones de este hogar que cada uno esté lleno de tu Espíritu Santo.

Ahora, junto con todos los participantes diríjase a la sala y encienda la vela/cirio que previamente se había colocado ahí (así se hará en cada cuarto/espacio o habitación que se va a bendecir y la casa se irá iluminando), y mientras esparce agua bendita se dice la siguiente oración:

M/L: Bendita sea esta sala. Que verdaderamente vivamos en ella como gente de paz. Que la oración y la diversión no sean extrañas dentro de estas paredes.

Ahora todos se dirigen hacia el comedor...

M/L: Bendice, Señor este lugar en el que comeremos, que experimentemos siempre tu presencia y tu providencia mientras somos alimentados, que sea también un lugar de encuentro donde compartamos nuestras vidas.

Ahora todos se dirigen a la cocina...

M/L: Bendito sea este lugar y los alimentos (verduras, frutas, granos, carnes, etc.) y las cazuelas que se usaran para preparar las comidas. Que la ira y la amargura nunca envenenen las comidas que aquí se preparan.

Ahora todos se dirigen al baño…

M/L: Bendito sea este baño. Que el Espíritu Santo more aquí y nos enseñe a honrar y amar nuestros cuerpos como regalo de Dios.

Ahora todos se dirigen a las recamaras/cuartos…

M/L: Benditas sean estas recamaras. Que en ellas encontremos descanso, frescura y renovación. Que el Espíritu Santo toque con su amor y afecto a todos los que habiten estos cuartos.

Ahora todos regresan a la sala donde se concluirá con el siguiente momento:

M/L: Ahora en un momento de silencio oramos y disponemos nuestros corazones para que la santa bendición de Dios caiga sobre cada uno de nosotros y sobre esta casa, que ahora constituye nuestro hogar. (Silencio).

M/L: Ahora oremos juntos como nos enseñó el Señor:

Todos: Padre Nuestro...

M/L: También invitamos a la Virgen María a venir y vivir en esta casa y consagramos nuestras vidas, nuestro hogar y nuestro corazón a Cristo por medio del corazón Inmaculado de María... diciendo:

Todos: Dios te salve María...

Finalmente se dirigen todos por ultimo a la entrada de la

casa y abriéndola por dentro se hace la siguiente oración.

Padres de Familia: Que nuestra puerta esté siempre abierta para aquellos que la necesiten. Que esté abierta para el vecino y para el extranjero. Que nuestros amigos quienes vienen a nosotros en tiempos de problemas, dificultades o penas, encuentren nuestra puerta y nuestro corazón abierto para ellos y sus necesidades. Que la luz de Jesús, que es presencia de Dios alumbre brillantemente este hogar y sea una bendición para todos aquellos que viven aquí y para cada uno de los que entrarán a través de esta puerta.

M/L: Que la santa bendición de Dios caiga sobre todos nosotros: En el nombre del Padre y del Hijo y del Espíritu Santo.

Todos: ¡Amen!

A la bendición del hogar puede seguir una comida festiva en donde la familia, familiares, amigos e invitados puedan en fraternidad comenzar a hacer de esta casa un hogar con sus conversaciones y sus risas.

Conclusión

Pues antes que nada, gracias por aceptar el reto de orar con y por tu/las familias. El único afán de este librito que ponemos en sus manos es para ayudar a las familias a orar más entre ellas y por ellas, en sabiendo que Dios siempre nos escucha y en su misericordia, y providencia responde a lo que le pedimos y necesitamos.

Es preciso también afirmar que estas oraciones no suplantan de ninguna manera otras oraciones y devociones que ya realicemos, como el Santo Rosario, ni mucho menos el valor de los Sacramentos y las gracias que son dispensadas por estos medios de salvación que nos dejó Jesús, sino que complementan y nos ayudan en este proceso de conversión continua en el que vivimos y debemos trabajar día a día, sabiendo que Dios no solo camina con nosotros, sino que en todo tiempo nos está ofreciendo su vida, su gracia y su amor.

Rogamos a ese Dios, que quiso por amor entrar en relación con nosotros, se digne bendecir este esfuerzo y que alcance a muchas familias.

Muy pronto pondremos en sus manos otros recursos impresos y visuales (manuales de evangelización, sanación y formación), que acompañan estas oraciones y en los que recibirá mucha más claridad acerca de lo que necesitamos orar y muchas otras herramientas para seguir creciendo como familia conforme al corazón de Dios. Mientras tanto, pedimos con toda humildad y confianza que la Familia de Nazareth inspire la suya, interceda y les conceda lo que necesitan para ser felices y caminar en santidad cada día.

Bibliografía

Abel, Robert (2014) *El Guerrero Católico*. Denver Colorado, Valentine Publishing House.

Abel, Robert (2014) *Oraciones de Guerra Espiritual*. Denver Colorado, Valentine Publishing House.

DeGrandis, Roberto S.S.J. y Schubert, Linda (1992) *Sanación Intergeneracional, Un Viaje a la Profundidad del Perdón*. Madrid, España, Ed, SERECA (Servicio de Publicaciones de la R.C.C.)

Hampsch, John C.M.F. (2005) *Sanar tu Árbol Genealógico, Una Solución Diseñada por Dios para Problemas Difíciles*. Goleta CA. Ed. Queenship.

Linn, Matthew and Dennis, Fabricant, Sheila. (1985) *Healing the Greatest Hurt*. New York. Paulist Press.

MacNutt, Francis. (1981) *The Prayer that Heals, Praying for Healing in the Family*. Notre Dame, Indiana. Ave Maria Press

Papa Francisco, (19 de Marzo, 2016) *EXHORTACIÓN APOSTÓLICA POSTSINODAL Amoris Laetitia*. Roma Italia.

Ssemakula, Yozefu – B. (2015) *La Sanacion de Familias. Como Orar Eficazmente por Aquellos Problemas Personales y Familiares Inquebrantables*. Ed. Healing of Families

Citas de Páginas de Internet

https://www.aciprensa.com/recursos/las-oraciones-de-leon-xiii-a-san-miguel-arcangel-por-la-iglesia-1268

https://www.aciprensa.com/recursos/oracion-por-la-familia-de-madre-teresa-de-calcuta-3190

https://www.corazones.org/oraciones/familia_oraciones.htm

Notas Bíblicas tomadas de:

Biblia Católica de la Familia, Ed. Verbo Divino

Made in the USA
Monee, IL
15 March 2020